한자, 원리를 알면 쉽게 배운다 ①

그림으로 익히는
상형한자

기획·편집 어린이 선비교실
그림 홍태희

자유지성사

책머리에

 사슴 한 마리가 있었습니다. 사슴은 자신의 모습을 몹시 자랑스러워하였습니다. 아름다운 뿔, 늘씬한 등허리, 커다란 눈, 모두 아름다웠습니다. 그중에서도 왕관같은 뿔은 사슴의 가장 큰 자랑거리였습니다.
 하지만 긴 다리만은 너무 불만스러웠습니다.
 어느 날이었습니다. 무서운 호랑이 한 마리가 어흥! 하고 달려들었습니다. 사슴은 있는 힘을 다해 도망쳤습니다.
 얼마나 빠르게 달리는지 호랑이도 따라잡을 수가 없었습니다. 그런데 나무가 빼곡하게 들어찬 숲 속에서 사슴은 꼼짝할 수가 없었습니다. 뿔이 나뭇가지에 걸렸던 것입니다. 호랑이는 점점 다가오고 있었습니다.
 "미운 다리는 나를 살리는데 아름다운 뿔이 나를 죽이는구나!"

 사슴은 엉엉 울음을 터뜨리고 말았습니다.
 위의 이야기처럼 한자는 우리 생활에서 없어서는 안 될, 중요한 '사슴 다리' 같은 것입니다. 만약에 어렵다고 생각하고 팽개친다면, 다리가 얼마나 중요한 역할을 하는지를 일찍 깨닫지 못한 사슴처럼 되고 말 것입니다.
 한자는 결코 어려운 공부가 아닙니다. 욕심내지 말고 한 자, 한 자 익히다 보면 여러분은 어느새 한자 박사가 되어 있을 거예요.
 이 책은 여러분을 '한자 박사'로 이끌어 줄 좋은 친구가 될 것입니다.

엮은이 어린이 선비교실

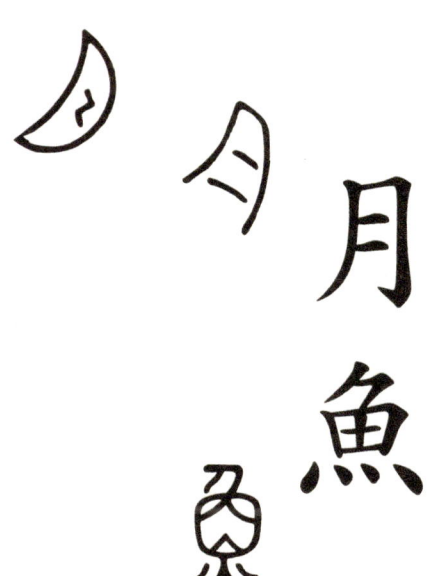

볼수록 재미있고 익힐수록 신나는 상형한자!

- 한자를 공부하는데 가장 기본적으로 익혀야 할 상형한자를 생성 원리에 따라 쉬운 한자부터 단계별로 편집하였습니다.

- 상형한자는 한자 이해의 출발점이 되며 상당수의 글자들이 부수 역할을 하므로, 상형한자를 잘 익혀 두면 새롭게 등장하는 한자들의 이해가 쉬워집니다.

- 어린이가 좋아하는 소재의 그림들로 구성하여 처음부터 끝까지 흥미 있게 공부할 수 있도록 하였습니다.

- 우리 실생활에서 많이 사용하는 활용 단어를 모았습니다.

- 익힌 한자를 충분히 연습할 수 있도록 하였습니다.

- 한국어문회에서 실시하는 한자능력검정시험 문제를 기준으로 하였습니다.

한자는 글자 하나하나가 뜻을 지니고 있는 **뜻글자**입니다.
따라서 각각의 한자는 모두 고유한 **모양·뜻·소리**를 가지고 있는데,
이것을 **한자의 3요소**라고 합니다.

모양	日	月	川	牛
뜻	날	달	내	소
소리	일	월	천	우

한자는 만들어진 원리에 따라 **상형·지사·회의·형성**으로 구분합니다. **전주·가차**는 만들어진 글자들을 다른 뜻으로 전용해 쓰는 운용 방법을 말합니다.

상형(象形)

구체적인 사물의 모양을 본떠서 만든 글자

日(일), 月(월)
山(산), 川(천)

지사(指事)

추상적인 생각이나 뜻을 도형적 기호로 나타낸 글자

上(상), 下(하)
本(본), 末(말)

회의(會意)

두 개 이상의 글자를 결합하여 새로운 뜻을 나타낸 글자

林(림), 友(우)
明(명), 信(신)

형성(形聲)

뜻을 나타내는 글자와 음을 나타내는 글자를 합쳐서 새로운 뜻을 나타낸 글자

江(강), 花(화)
村(촌), 晴(청)

한자를 쓰는 순서

1. 왼쪽에 있는 점획부터 차츰 오른쪽으로 써 갑니다.

    川 → 丿 丿丿 川

2. 위에 있는 점획부터 차츰 아래로 써 내려갑니다.

    二 → 一 二

3. 가로획과 세로획이 교차될 때에는 가로획부터 먼저 씁니다.

    十 → 一 十

4. 삐침 丿과 파임 乀이 만날 때에는 삐침을 먼저 씁니다.

    人 → 丿 人   大 → 一 ナ 大

5. 글자의 모양에 가운데 부분이 있고, 좌우가 대칭일 때에는 가운데를 먼저 씁니다.

    小 → 亅 小 小   水 → 亅 刀 水 水

6. 바깥쪽과 안쪽이 있을 때에는 바깥쪽을 먼저 씁니다.

    目 → 丨 冂 月 月 目

7. 전체를 꿰뚫는 획은 나중에 씁니다.

    女 → く 女 女   母 → 乚 口 口 母 母

8. 오른쪽 위의 점은 나중에 씁니다.

    犬 → 一 ナ 大 犬

차 례

日	날	일	8
月	달	월	9
山	메	산	10
川	내	천	11
木	나무	목	12
田	밭	전	13
火	불	화	14
人	사람	인	15
口	입	구	16
門	문	문	17
水	물	수	20
土	흙	토	21
手	손	수	22
足	발	족	23
耳	귀	이	24
目	눈	목	25
心	마음	심	26
身	몸	신	27
子	아들	자	28
女	계집	녀	29

父	아비	부	32
母	어미	모	33
力	힘	력	34
衣	옷	의	35
豆	콩	두	36
玉	구슬	옥	37
石	돌	석	38
生	날	생	39
雨	비	우	40
禾	벼	화	41
米	쌀	미	44
絲	실	사	45
聿	붓	율	46
高	높을	고	47
長	길	장	48
牛	소	우	49
馬	말	마	50
犬	개	견	51
羊	양	양	52
皮	가죽	피	53

角	뿔 각	58
魚	고기 어	59
貝	조개 패	60
戶	지게 호	61
弓	활 궁	62
矢	화살 시	63
干	방패 간	64
刀	칼 도	65
象	코끼리 상	66
虎	범 호	67

鳥	새 조	70
烏	까마귀 오	71
鹿	사슴 록	72
乙	새 을	73
飛	날 비	74
齒	이 치	75
果	열매 과	76
主	주인 주	77
申	펼 신	78
民	백성 민	79
面	낯 면	82
眉	눈썹 미	83
午	낮 오	84
老	늙을 로	85
泉	샘 천	86
向	향할 향	87
平	평평할 평	88
文	글월 문	89
曲	굽을 곡	90
求	구할 구	91

萬	일만 만	94
首	머리 수	95
革	가죽 혁	96
易	바꿀 역	97
巨	클 거	98
回	돌아올 회	99
且	또 차	100
片	조각 편	101

· 익힌 한자를 써 봅시다.
/18, 19, 30, 31, 42, 43, 54, 55,
68, 69, 80, 81, 92, 93, 102, 103

· 익힌 한자의 뜻과 음을
써 봅시다.
/56, 57, 104, 105

日
날 일

날이라는 뜻입니다.
일이라고 읽습니다.

글자가 만들어진 과정

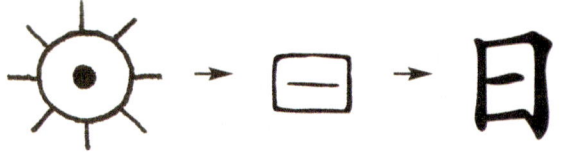

해의 모양을 본뜬 글자입니다. 해가 떠서 지면 하루가 되므로 '날'을 뜻합니다.

순서대로 예쁘게 써 보세요. ㅣ 冂 冃 日 4획

日				
日				

낱말
日月(일월) : 해와 달. 날과 달
日記(일기) : 그날 있었던 일이나 느낌을 적은 기록

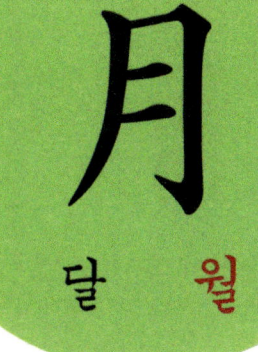

달 월

달을 뜻합니다.
월이라고 읽습니다.

글자가 만들어진 과정

반달 모양을 본떠서 만든 글자입니다. 달은 해에 비하여 변화가 많으므로 반달을 본떴습니다.

순서대로 예쁘게 써 보세요. 丿 刀 月 月 4획

月				
月				

낱 말
月給(월급) : 일한 대가로 다달이 받는 일정한 돈
虛送歲月(허송세월) : 헛되이 세월을 보냄

메 산

메 라는 뜻입니다.
산 이라고 읽습니다.

글자가 만들어진 과정

산봉우리가 뾰족하게 연달아 이어지는 모양을 본떠서 만든 글자입니다.
'메'는 산의 옛말입니다.

✒ 순서대로 예쁘게 써 보세요. ㅣ 山 山 3획

山				
山				

낱 말
人山人海(인산인해) : 사람들이 산과 바다처럼 많다.
山海珍味(산해진미) : 산과 바다에서 나는 온갖 진귀한 먹이

川
내 천

내 라는 뜻입니다.
천 이라고 읽습니다.

글자가 만들어진 과정

 → 川 → 川

시냇물이 흐르는 모양을 본떠서 만든 글자입니다.

순서대로 예쁘게 써 보세요.　 丿 　川 　川 　3획

川
川

낱말
山川(산천) : 산과 내. 자연
川邊(천변) : 개천가. 냇가

11

나무 목

나무라는 뜻입니다.
목이라고 읽습니다.

글자가 만들어진 과정

땅에 뿌리를 박고 선 나무 모양을 본떠서 만든 글자입니다.

📚 순서대로 예쁘게 써 보세요.   一 十 才 木   4획

木				
木				

낱말
植木日(식목일) : 4월 5일. 나무 심는 날
木石(목석) : 나무와 돌. 감정이 무디고 무뚝뚝한 사람을 비유

田
밭 전

밭이라는 뜻입니다.
전이라고 읽습니다.

글자가 만들어진 과정

위에서 본, 가로 세로로 갈라진 밭 모양을 본떠서 만든 글자입니다.

 순서대로 예쁘게 써 보세요.

丨 冂 冂 冊 田　5획

낱 말　田園(전원) : 논밭과 동산. 시골. 도시의 교외
　　　　耕者有田(경자유전) : 밭 가는 자가 농토를 가지고 있어야 함

火
불 화

불이라는 뜻입니다.
화라고 읽습니다.

글자가 만들어진 과정

불이 활활 타오르는 모양을 본떠서 만든 글자입니다.

🐞 순서대로 예쁘게 써 보세요.　丶　丷　少　火　4획

火			
火			

낱 말
火山(화산) : 불을 내뿜는 산
火力(화력) : 불의 힘. 총의 위력

사람 인

사람이라는 뜻입니다.
인이라고 읽습니다.

글자가 만들어진 과정

팔을 뻗고 서 있는 사람의 옆모습을 본떠서 만든 글자입니다.

 순서대로 예쁘게 써 보세요.　　ノ 人　2획

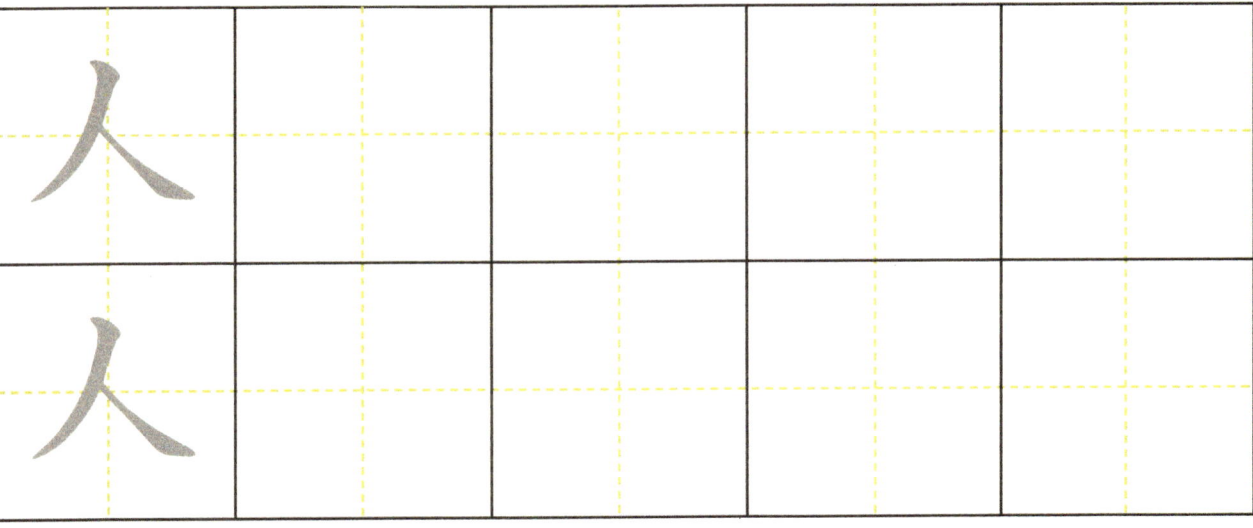

낱말
人間(인간) : 사람. 인류. 사람이 사는 곳
人之常情(인지상정) : 사람들이 보통 가지고 있는 인정

입 구

입이라는 뜻입니다.
구라고 읽습니다.

글자가 만들어진 과정

사람이 입을 크게 벌린 모양을 본떠서 만든 글자입니다.

🚗 순서대로 예쁘게 써 보세요.　ㅣ　ㄇ　口　3획

口				
口				

낱 말　人口(인구) : 사람의 입. 일정한 지역 안에 사는 사람의 수
有口無言(유구무언) : 입이 있어도 할 말이 없다.

門
문 문

문이라는 뜻입니다.
문이라고 읽습니다.

글자가 만들어진 과정

門 → 門 → 門

두 문짝이 달린 문 모양을 본떠서 만든 글자입니다.

🐞 순서대로 예쁘게 써 보세요.

丨 丨 丨 丨 丨 門 門 門   8획

門				
門				

낱말 大門(대문) : 집의 정면에 있는 큰 문
登龍門(등용문) : 어떤 어려운 절차를 거쳐 정상에 이르는 과정

 익힌 한자를 써 봅시다.

日	月	山	川	木
날 일	달 월	메 산	내 천	나무 목

 익힌 한자를 써 봅시다.

田	火	人	口	門
밭 전	불 화	사람 인	입 구	문 문

水
물 수

물이라는 뜻입니다.
수라고 읽습니다.

글자가 만들어진 과정

물이 흐르고 있는 모양을 본떠서 만든 글자입니다.

🚗 순서대로 예쁘게 써 보세요.   丨 기 水 水   4획

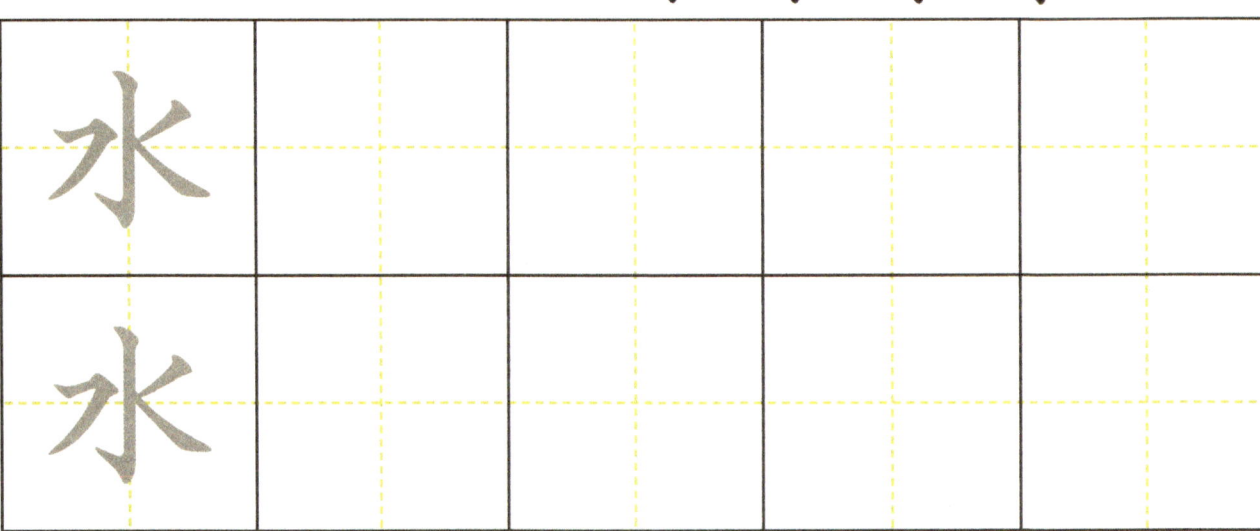

낱말
生水(생수) : 끓이거나 소독하거나 하지 않은, 맑은 샘물
水魚之交(수어지교) : 물과 물고기같이 절친한 사이

흙 토

흙이라는 뜻입니다.
토라고 읽습니다.

글자가 만들어진 과정

땅 위에 한 무더기의 흙이 있는 모양을 본떠서 만든 글자입니다. '땅'의 뜻으로도 쓰입니다.

순서대로 예쁘게 써 보세요.　　一　十　土　3획

낱 말　　國土(국토) : 나라의 땅
土木工事(토목공사) : 흙, 나무, 돌 등을 써서 하는 공사

手
손 수

손이라는 뜻입니다.
수라고 읽습니다.

글자가 만들어진 과정

손가락을 편 손 모양을 본떠서 만든 글자입니다.

순서대로 예쁘게 써 보세요. 一 二 三 手 4획

낱 말 木手(목수) : 나무로 집을 짓거나 물건을 만드는 일을 업으로 하는 사람

足

발 족

발이라는 뜻입니다.
족이라고 읽습니다.

글자가 만들어진 과정

무릎에서 발끝까지의 모양을 본떠서 만든 글자입니다.

순서대로 예쁘게 써 보세요.

 7획

足				
足				

낱말

滿足(만족) : 마음에 부족함이 없이 흐뭇함. 충분함
烏足之血(조족지혈) : 새 발의 피

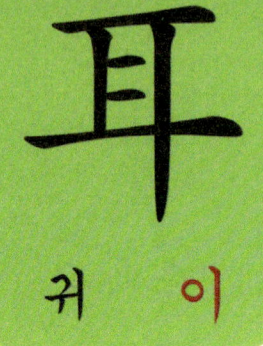

耳
귀 이

귀 라는 뜻입니다.
이 라고 읽습니다.

글자가 만들어진 과정

사람의 귀 모양을 본떠서 만든 글자입니다.

🐞 순서대로 예쁘게 써 보세요.

一 丁 F F 토 耳 6획

耳				
耳				

낱 말
耳目(이목):귀와 눈. 여러 사람의 주의, 주목
牛耳讀經(우이독경):쇠귀에 경 읽기. 하나마나 한 일

目
눈 목

눈이라는 뜻입니다.
목이라고 읽습니다.

글자가 만들어진 과정

사람의 눈 모양을 본떠서 만든 글자입니다.

순서대로 예쁘게 써 보세요.

丨 冂 冂 目 目 5획

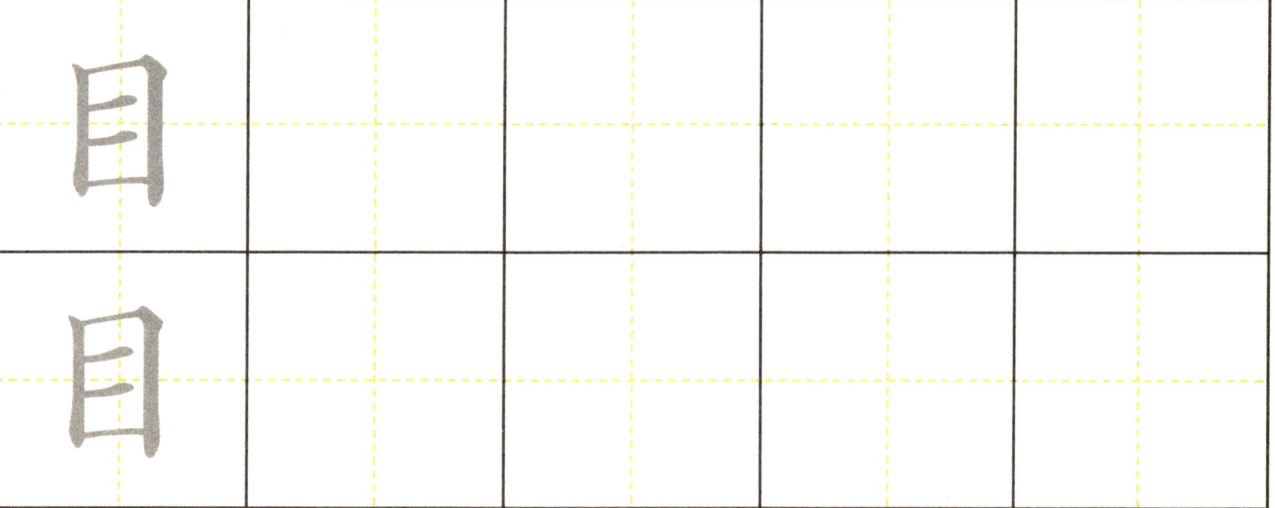

| 낱말 | 目的(목적) : 이룩하거나 도달하려고 하는 목표나 방향
目前(목전) : 눈앞. 지금 당장 |

마음 심

마음이라는 뜻입니다.
심이라고 읽습니다.

글자가 만들어진 과정

사람의 심장 모양을 본뜬 글자입니다. 모든 생각은 심장으로부터 나온다는 의미로 심장을 그려 '마음'을 나타냅니다.

순서대로 예쁘게 써 보세요. 丶 心 心 心 4획

낱말
以心傳心(이심전심):마음과 마음이 서로 통함
心血(심혈):온갖 힘. 온갖 정신력

몸 신

몸이라는 뜻입니다.
신이라고 읽습니다.

글자가 만들어진 과정

아기를 가진 여자가 걷고 있는 모양을 본떠서 만든 글자입니다.

순서대로 예쁘게 써 보세요.

7획

身				
身				

낱말 身長(신장):사람의 키
自身(자신):제 몸. 자기

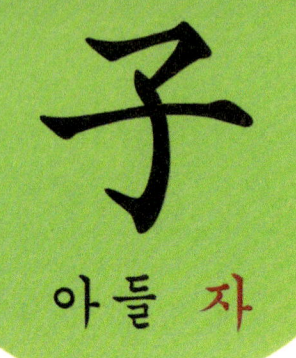

아들 자

아들이라는 뜻입니다.
자라고 읽습니다.

글자가 만들어진 과정

상보에 싸여 양팔을 벌리고 있는 어린아이의 모습을 본떠서 만든 글자입니다. '아이', '아들', '자식'을 뜻합니다.

순서대로 예쁘게 써 보세요.   ㄱ 了 子   3획

낱말
孫子(손자) : 아들의 아들
子子孫孫(자자손손) : 자손의 끝까지. 영원히

계집 녀

계집이라는 뜻입니다.
녀라고 읽습니다.

글자가 만들어진 과정

손을 앞으로 모으고 무릎을 꿇고 앉아 있는 여자의 모습을 본떠서 만든 글자입니다.

순서대로 예쁘게 써 보세요. く 夕 女 3획

낱말 女子(여자) : 여성인 사람
善男善女(선남선녀) : 착하고 어진 사람들

 익힌 한자를 써 봅시다.

水	土	手	足	耳
물 수	흙 토	손 수	발 족	귀 이

 익힌 한자를 써 봅시다.

目	心	身	子	女
눈 목	마음 심	몸 신	아들 자	계집 녀

아비 부

아비라는 뜻입니다.
부라고 읽습니다.

글자가 만들어진 과정

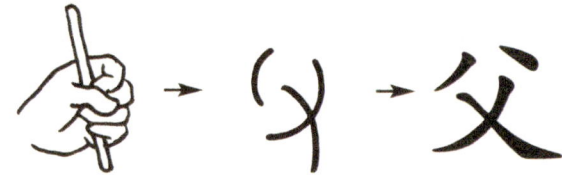

손 乂에 회초리 丿를 든 모양을 본떠서 만든 글자입니다. 회초리를 들고 자식을 가르치고 이끄는 '아버지'를 뜻합니다.

순서대로 예쁘게 써 보세요.   丿 丷 父   4획

낱말
父子(부자) : 아버지와 아들
父女(부녀) : 아버지와 딸

어미 모

어미라는 뜻입니다.
모라고 읽습니다.

글자가 만들어진 과정

여자(女) 가슴의 젖(:)을 나타낸 모양을 본떠서 만든 글자입니다. 아이에게 젖을 먹여 기르는 여인(女)이라는 뜻입니다.

순서대로 예쁘게 써 보세요.

ㄴ 母 母 母 母 5획

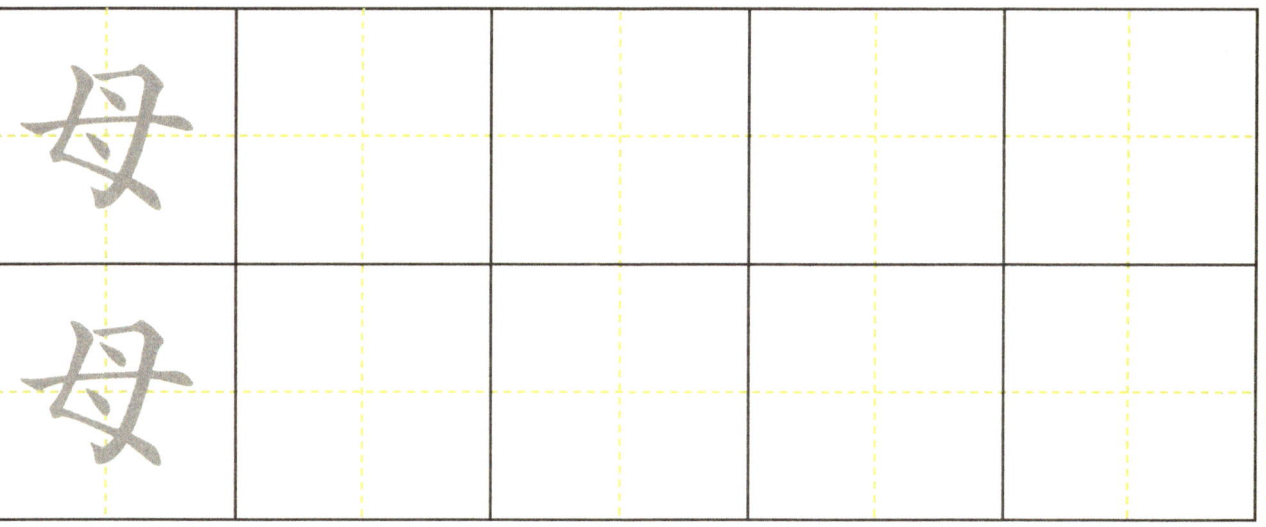

낱말
母校(모교) : 자기의 출신 학교
母國(모국) : 자기의 조국을 이르는 말

力
힘 력

힘 이라는 뜻입니다.
력 이라고 읽습니다.

글자가 만들어진 과정

팔의 알통 모양을 본떠서 만든 글자입니다. 팔에 힘을 주어 근육이 불룩 솟은 것으로, '힘쓰다'라는 의미로도 쓰입니다.

순서대로 예쁘게 써 보세요.   ㄱ 力   2획

낱말
人力(인력) : 사람의 힘
水力(수력) : 물의 힘

衣
옷 의

옷이라는 뜻입니다.
의라고 읽습니다.

글자가 만들어진 과정

사람이 저고리를 입은 모양을 본떠서 만든 글자입니다.

 순서대로 예쁘게 써 보세요.

丶 亠 ナ 亣 衣 衣 6획

낱말
雨衣(우의) : 비옷
錦衣還鄕(금의환향) : 성공하여 비단옷을 입고 고향으로 돌아옴

35

豆
콩 두

콩이라는 뜻입니다.
두라고 읽습니다.

글자가 만들어진 과정

요 → 요 → 豆

제사 때에 쓰는 그릇 모양을 본떠서 만든 글자입니다. 그릇 모양이 콩꼬투리 같다고 해서 '콩'을 나타내게 되었습니다.

순서대로 예쁘게 써 보세요.

一 丅 丆 늗 됴 豆 豆   7획

豆				
豆				

낱말
豆油(두유) : 콩으로 만든 우유
大豆(대두) : 알맹이가 큰 콩

玉

구슬 옥

구슬이라는 뜻입니다.
옥이라고 읽습니다.

글자가 만들어진 과정

8 → 玉 → 玉

세 개의 구슬을 끈으로 꿴 모양을 본떠서 만든 글자입니다. 점은 王(임금 왕)과 구별하기 위해 찍은 것입니다.

✎ 순서대로 예쁘게 써 보세요.

一 二 于 玉 玉　5획

玉				
玉				

낱말
玉石(옥석) : 옥과 돌. 좋은 것과 나쁜 것
玉帶(옥대) : 옥으로 장식한 띠

돌 석

돌이라는 뜻입니다.
석이라고 읽습니다.

글자가 만들어진 과정

언덕 아래에 굴러다니는 돌의 모양을 본떠서 만든 글자입니다.

순서대로 예쁘게 써 보세요.

一 ア 丆 不 石 5획

石				
石				

낱말
一石二鳥(일석이조) : 한 번 힘들여서 두 가지 소득을 얻는 것
化石(화석) : 옛날에 살던 동식물의 유해가 남아 있는 돌

生
날 생

나다 라는 뜻입니다.
생 이라고 읽습니다.

글자가 만들어진 과정

땅 속에서 식물의 싹이 돋아 나온 모양을 본떠서 만든 글자입니다. '살다'의 뜻으로도 쓰입니다.

순서대로 예쁘게 써 보세요.

ノ 一 仁 牛 生 5획

낱말	生日(생일): 태어난 날
	九死一生(구사일생): 죽을 고비를 많이 넘기고 간신히 살아남

비 우

비라는 뜻입니다.
우라고 읽습니다.

글자가 만들어진 과정

하늘에 떠 있는 구름 사이에서 비가 떨어지는 모양을 본떠서 만든 글자입니다.

순서대로 예쁘게 써 보세요.

一 厂 厂 币 雨 雨 雨 雨　8획

낱말　雨後竹筍(우후죽순) : 비온 뒤의 대나무 순.
　　　　　　　　　　　　일시에 많은 양이 생김

벼 화

벼 라는 뜻입니다.
화 라고 읽습니다.

글자가 만들어진 과정

축축 늘어진 벼 이삭의 모양을 본떠서 만든 글자입니다.

순서대로 예쁘게 써 보세요.

 5획

낱말   禾苗(화묘) : 벼의 모
       禾穗(화수) : 벼 이삭

 익힌 한자를 써 봅시다.

父	母	力	衣	豆
아비 부	어미 모	힘 력	옷 의	콩 두

 익힌 한자를 써 봅시다.

玉	石	生	雨	禾
구슬 옥	돌 석	날 생	비 우	벼 화

米
쌀 미

쌀이라는 뜻입니다.
미라고 읽습니다.

글자가 만들어진 과정

벼 이삭의 낟알을 본떠서 만든 글자입니다. 벼가 익으면 쌀이 된다는 의미입니다.

🚗 순서대로 예쁘게 써 보세요.

丶 丷 䒑 半 米 米 6획

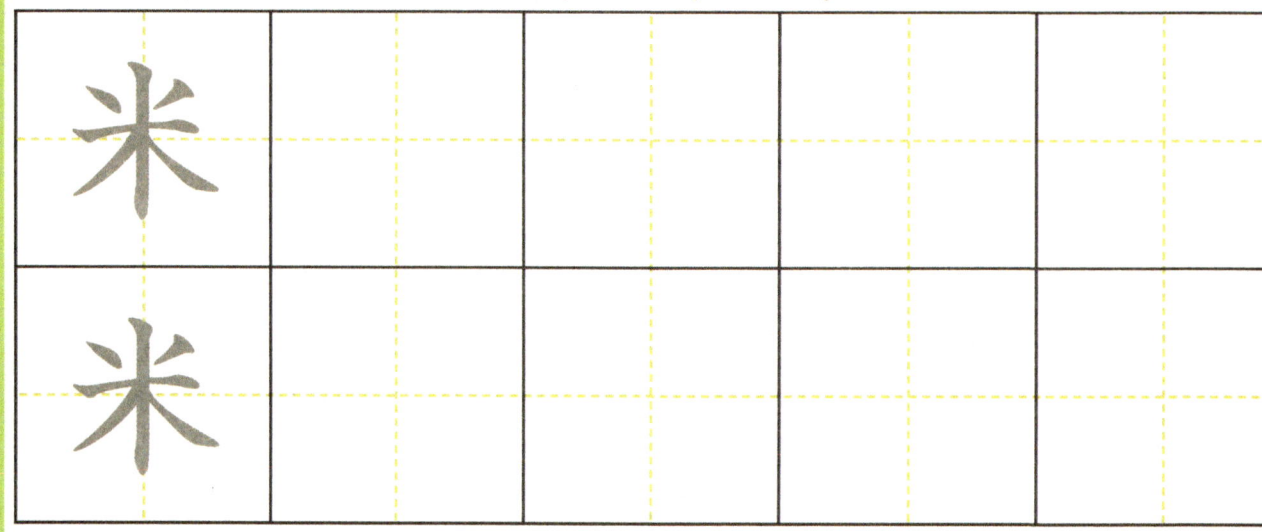

낱말
白米(백미) : 현미를 찧어서 겨를 빼고 희게 한 쌀
玄米(현미) : 벼의 껍질만 벗긴, 약간 누르스름한 쌀

絲
실 사

실이라는 뜻입니다.
사라고 읽습니다.

글자가 만들어진 과정

실을 감아 놓은 실타래 모양을 본떠서 만든 글자입니다. 획을 줄인 약자로 糸를 주로 씁니다.

순서대로 예쁘게 써 보세요.

＜ 幺 幺 幺 糸 糸 絲 12획

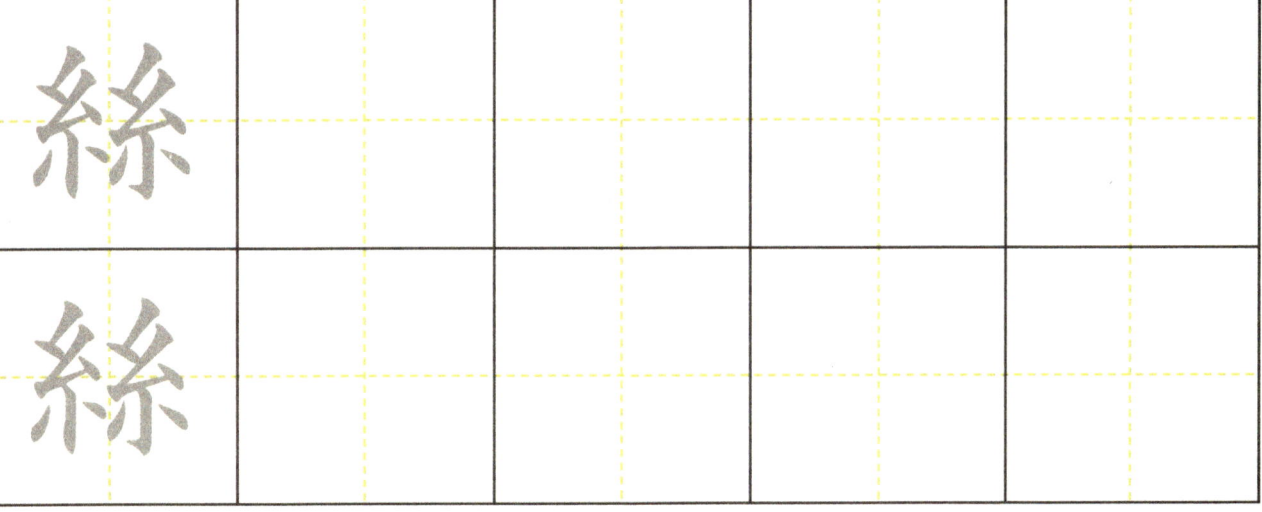

낱말
銀絲(은사) : 은색 빛이 나는 실
細絲(세사) : 가는 실

붓 율

붓이라는 뜻입니다.
율이라고 읽습니다.

글자가 만들어진 과정

붓을 손에 잡고 있는 모양을 본떠서 만든 글자입니다.

🚗 순서대로 예쁘게 써 보세요.

ㄱ ㅋ 글 글 클 聿 6획

聿				
聿				

낱말
聿修(율수) : 조상의 덕을 이어받아 닦음
聿皇(율황) : 몸이 가볍고 빠른 모양

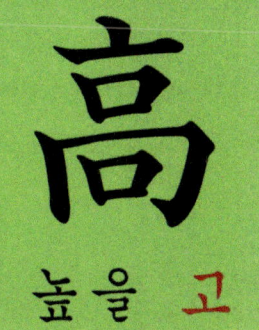

高
높을 고

높다라는 뜻입니다.
고라고 읽습니다.

글자가 만들어진 과정

성 위에 높이 세운 망루 모양을 본떠서 만든 글자입니다.

✍ 순서대로 예쁘게 써 보세요.

丶 亠 宀 亠 古 亨 高 高 高 高 10획

낱말
高山(고산) : 높은 산
高音(고음) : 높은 소리

47

길 장

길다라는 뜻입니다.
장이라고 읽습니다.

글자가 만들어진 과정

머리카락이 긴 노인이 지팡이를 짚고 서 있는 모양을 본떠서 만든 글자이며, '늙은이', '노인'을 뜻합니다. 머리카락이 길다라는 의미에서 '길다'라는 뜻으로도 쓰입니다.

순서대로 예쁘게 써보세요.

丨 ㄷ ㄈ ㅌ ㅌ 토 투 툰 長 8획

낱말
生長(생장) : 나서 자람
一長一短(일장일단) : 장점도 있고 단점도 있음

소 우

소라는 뜻입니다.
우라고 읽습니다.

글자가 만들어진 과정

뿔을 강조한 소의 머리 모양을 본떠서 만든 글자입니다.

순서대로 예쁘게 써 보세요.　 ノ 𠂉 ⸝ 牛　4획

牛				
牛				

낱말
牛乳(우유) : 소에서 짜낸 젖
九牛一毛(구우일모) : 보잘 것 없는 존재

馬
말 마

말이라는 뜻입니다.
마라고 읽습니다.

글자가 만들어진 과정

갈기를 강조한 말 모양을 본떠서 만든 글자입니다.

순서대로 예쁘게 써 보세요.

l 厂 F F 馬 馬 馬 馬 馬 馬 10획

馬				
馬				

낱말
馬車(마차) : 말이 끄는 수레
馬耳東風(마이동풍) : 남의 말을 귀담아듣지 않고 흘려 버림

개 견

개라는 뜻입니다.
견이라고 읽습니다.

글자가 만들어진 과정

옆으로 서 있는 개 모양을 본떠서 만든 글자입니다.

🐞 순서대로 예쁘게 써 보세요. 一 ナ 大 犬 4획

낱 말 犬猿之間(견원지간) : 개와 원숭이 사이를 일컫는 것으로, 몹시 사이가 나빠 만나기만 하면 다투는 사람들을 말함

羊

양　양

양이라는 뜻입니다.
양이라고 읽습니다.

글자가 만들어진 과정

양 머리 모양을 본떠서 만든 글자입니다.

🚗 순서대로 예쁘게 써 보세요.

丶 丷 亠 𠀎 䒑 羊　6획

羊				
羊				

낱말　羊頭狗肉(양두구육) : 양의 머리를 내놓고 실은 개고기를 팜. 즉, 겉으로는 훌륭한 것처럼 내세우나 속은 변변찮음

皮
가죽 피

가죽이라는 뜻입니다.
피라고 읽습니다.

글자가 만들어진 과정

짐승의 가죽 ㄏ을 손 又으로 벗겨 내는 모양을 본 뜬 글자로 '가죽', '껍질'의 뜻을 나타냅니다.

순서대로 예쁘게 써 보세요.

丿 厂 广 皮 皮   5획

皮				
皮				

낱말
毛皮(모피) : 털가죽. 털이 붙은 짐승의 가죽
表皮(표피) : 겉껍질

 익힌 한자를 써 봅시다.

米	絲	聿	高	長
쌀 미	실 사	붓 율	높을 고	길 장

 익힌 한자를 써 봅시다.

牛	馬	犬	羊	皮
소 우	말 마	개 견	양 양	가죽 피

 익힌 한자의 뜻과 음을 써 봅시다.

1. 日 (   )

2. 月 (   )

3. 山 (   )

4. 川 (   )

5. 木 (   )

6. 田 (   )

7. 火 (   )

8. 人 (   )

9. 口 (   )

10. 門 (   )

11. 水 (   )

12. 土 (   )

13. 手 (   )

14. 足 (   )

15. 耳 (   )

16. 目 (   )

17. 心 (   )

18. 身 (   )

19. 子 (   )

20. 女 (   )

21. 父　（　　　）

22. 母　（　　　）

23. 力　（　　　）

24. 衣　（　　　）

25. 豆　（　　　）

26. 玉　（　　　）

27. 石　（　　　）

28. 生　（　　　）

29. 雨　（　　　）

30. 禾　（　　　）

31. 米　（　　　）

32. 絲　（　　　）

33. 聿　（　　　）

34. 高　（　　　）

35. 長　（　　　）

36. 牛　（　　　）

37. 馬　（　　　）

38. 犬　（　　　）

39. 羊　（　　　）

40. 皮　（　　　）

뿔 각

뿔이라는 뜻입니다.
각이라고 읽습니다.

글자가 만들어진 과정

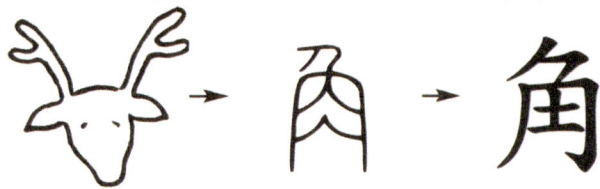

짐승의 뿔 모양을 본떠서 만든 글자입니다. 뿔이 뾰족하게 나왔다 하여 '모나다', '모서리'의 뜻으로 쓰이기도 합니다.

🚗 순서대로 예쁘게 써 보세요.

クァ 角 角 角 角   7획

角				
角				

낱말
三角(삼각) : 세모
骨角(골각) : 동물의 뼈와 뿔

魚
고기 어

고기라는 뜻입니다.
어라고 읽습니다.

글자가 만들어진 과정

물고기 모양을 본떠서 만든 글자입니다.

✎ 순서대로 예쁘게 써 보세요.

′ ″ ⺈ ⺈ 쇼 甪 甶 笛 魚 魚 魚 11획

| 낱 말 | 人魚(인어) : 상반신은 사람, 하반신은 물고기같은 상상의 동물
緣木求魚(연목구어) : 나무에 올라가 물고기를 구한다. |

貝
조개 패

조개라는 뜻입니다.
패라고 읽습니다.

글자가 만들어진 과정

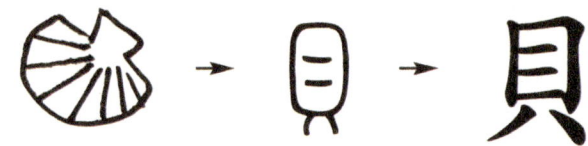

조개 모양을 본떠서 만든 글자입니다. 옛날에는 조개를 화폐로 사용했으므로 '재물' 이라는 뜻으로도 쓰입니다.

순서대로 예쁘게 써 보세요.

丨 冂 冂 月 目 貝 貝   7획

낱말
魚貝類(어패류) : 물고기와 조개 종류
貝塚(패총) : 조개 무덤

戶
지게 호

지게 라는 뜻입니다.
호 라고 읽습니다.

글자가 만들어진 과정

門 → 門 → 戶

문의 반쪽인 지게문 모양을 본떠서 만든 글자입니다. '문' 또는 '집'이라는 뜻으로 쓰입니다.

순서대로 예쁘게 써 보세요.   ˋ ㄏ ㅏ 戶   4획

낱말
門戶(문호): 집으로 출입하는 문. 출입구가 되는 긴요한 곳
戶籍(호적): 각 가족의 상태를 기록한, 국가의 공인 장부

활 궁

활이라는 뜻입니다.
궁이라고 읽습니다.

글자가 만들어진 과정

활 모양을 본떠서 만든 글자입니다.

✎ 순서대로 예쁘게 써 보세요.   ㄱ ㄹ 弓   3획

弓			
弓			

낱말 洋弓(양궁): 서양식 활을 쏘아 일정한 거리에 있는 표적을 맞추어 득점을 겨루는 경기

화살 시

화살이라는 뜻입니다.
시라고 읽습니다.

글자가 만들어진 과정

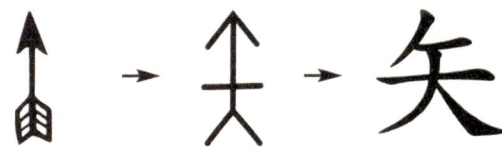

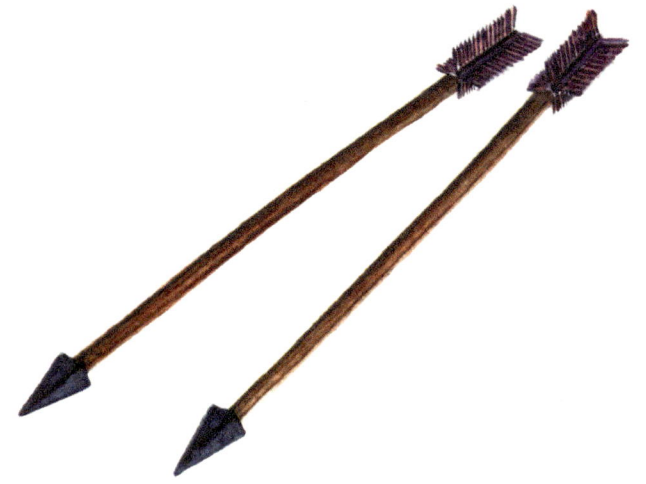

화살 모양을 본떠서 만든 글자입니다.

순서대로 예쁘게 써 보세요.

丿 ㇒ 亠 𠂉 矢　5획

矢

矢

낱말
弓矢(궁시) : 활과 화살
矢言(시언) : 맹세의 말

방패 간

방패라는 뜻입니다.
간이라고 읽습니다.

글자가 만들어진 과정

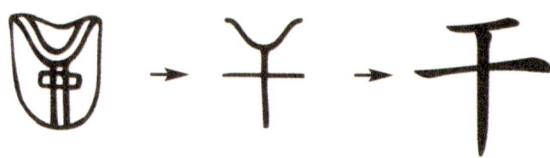

손잡이가 달린 방패 모양을 본떠서 만든 글자입니다.

순서대로 예쁘게 써 보세요.   一 二 干   3획

干

干

낱말
干涉(간섭) : 남의 일에 참견함
干求(간구) : 바람. 요구

刀
칼 도

칼이라는 뜻입니다.
도라고 읽습니다.

글자가 만들어진 과정

칼 모양을 본떠서 만든 글자입니다.

순서대로 예쁘게 써 보세요.   フ 刀   2획

刀				
刀				

낱말
短刀(단도) : 짧은 칼
刀瘢(도반) : 칼에 다친 상처

象

코끼리 상

코끼리라는 뜻입니다.
상이라고 읽습니다.

글자가 만들어진 과정

코끼리 옆모습을 본떠서 만든 글자입니다. 코끼리 형상을 그림으로 그린다는 의미에서 '형상'의 뜻으로도 쓰입니다.

 순서대로 예쁘게 써 보세요.

낱 말 象牙(상아) : 코끼리의 위턱에 나서 입 밖으로 길게 튀어나와 위로 향한 앞니

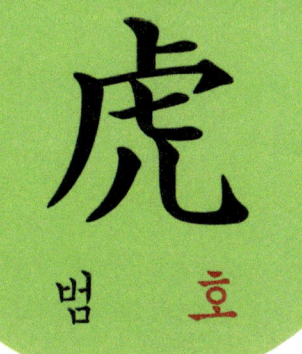

虎
범 호

범(호랑이)이라는 뜻입니다.
호라고 읽습니다.

글자가 만들어진 과정

용감하고 무서운 호랑이 모양을 본떠서 만든 글자입니다.

🎒 순서대로 예쁘게 써 보세요.

丨 ㅏ ㅑ 乐 卢 虍 虎 虎 8획

虎				
虎				

낱말
白虎(백호) : 흰 호랑이
虎皮(호피) : 호랑이 털가죽

 익힌 한자를 써 봅시다.

角	魚	貝	戶	弓
뿔 각	고기 어	조개 패	지게 호	활 궁

 익힌 한자를 써 봅시다.

矢	干	刀	象	虎
화살 시	방패 간	칼 도	코끼리 상	범 호

새 조

새라는 뜻입니다.
조라고 읽습니다.

글자가 만들어진 과정

꽁지가 긴 새 모양을 본떠서 만든 글자입니다.

순서대로 예쁘게 써 보세요.

ノ 亻 ヶ 竹 白 鳥 鳥 鳥 鳥 鳥 鳥 11획

낱 말

駝鳥(타조) : 타조과 새. 새 중에서 가장 큼
鳥獸(조수) : 새와 짐승

烏
까마귀 오

까마귀라는 뜻입니다.
오라고 읽습니다.

글자가 만들어진 과정

까마귀 모양을 본떠서 만든 글자입니다. 까마귀는 검어서 눈에 분명하게 보이지 않으므로 鳥(새 조)에서 눈을 나타내는 획(一) 하나를 빼서 만들었습니다.

순서대로 예쁘게 써 보세요.

丿 丨 𠂉 户 阜 烏 烏 烏 烏 烏 10획

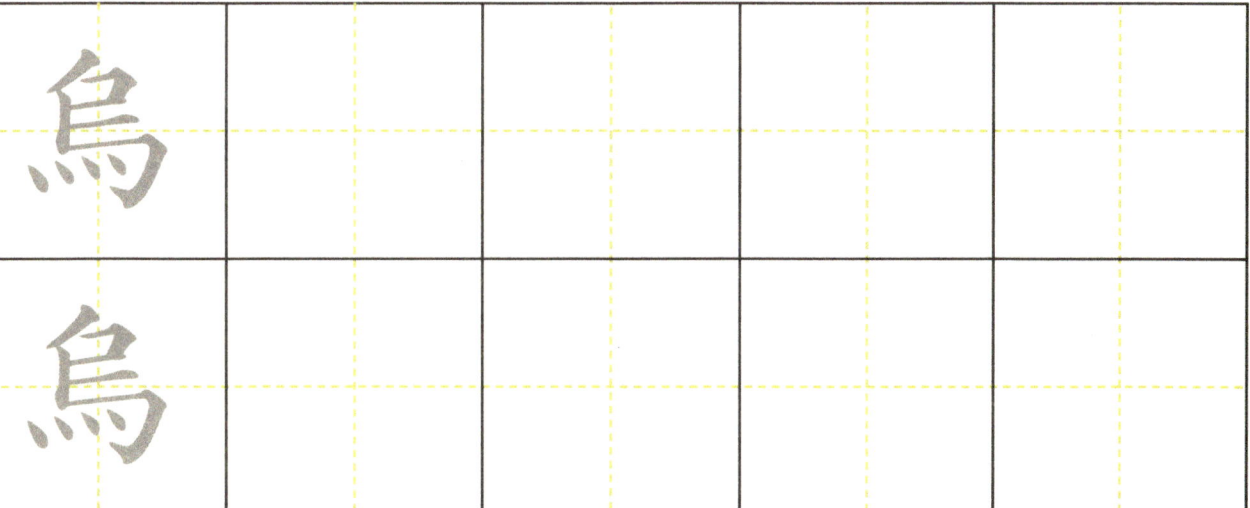

| 낱말 | 烏銅(오동) : 검붉은 빛이 나는 구리
烏骨鷄(오골계) : 살·가죽·뼈가 모두 검은 닭 |

鹿
사슴 **록**

사슴이라는 뜻입니다.
록이라고 읽습니다.

글자가 만들어진 과정

뿔이 아름다운 사슴 모습을 본떠서 만든 글자입니다.

 순서대로 예쁘게 써 보세요.

丶 亠 广 庐 庐 庐 庐 鹿 鹿 鹿 鹿 11획

鹿				
鹿				

낱말 馴鹿(순록) : 사슴과 짐승. 북극 지방에 분포하며 다리가 크고 억셈

乙
새 을

새라는 뜻입니다.
을이라고 읽습니다.

글자가 만들어진 과정

새 가슴을 본떠서 만든 글자입니다. '둘째'를 의미하기도 합니다.

 순서대로 예쁘게 써 보세요.   乙 1획

낱말
乙巳條約(을사조약) : 을사보호조약
乙種(을종) : 둘째 종류

날 비

날다라는 뜻입니다.
비라고 읽습니다.

글자가 만들어진 과정

새가 두 날개를 펴고 날아가는 상태를 본떠서 만든 글자입니다.

순서대로 예쁘게 써 보세요.

 9획

낱말
飛翔(비상): 하늘을 날아다님
飛行(비행): 공중으로 날아감

齒
이 치

이를 뜻합니다.
치 라고 읽습니다.

글자가 만들어진 과정

위아래로 이가 가지런히 박힌 모양을 본떠서 만든 글자입니다.

 순서대로 예쁘게 써 보세요.

丨 𠂉 止 止 此 毕 歨 歯 歯 歯
歯 歯 歯 齒 齒   15획

낱 말
齒科(치과) : 이의 치료·교정 등을 하는 의학의 한 분과
齒藥(치약) : 이를 닦는 데 쓰는 약

果

열매 과

열매라는 뜻입니다.
과라고 읽습니다.

글자가 만들어진 과정

나무(木) 위에 열매가 많이 열린 모양을 본떠서 만든 글자입니다. '결과'라는 의미로도 쓰입니다.

 순서대로 예쁘게 써 보세요.

丨 冂 冂 日 旦 甲 果 果 8획

果				
果				

낱말
結果(결과) : 열매를 맺음. 어떤 원인으로 생긴 결말의 상태
果樹園(과수원) : 과일 나무를 전문적으로 재배하는 곳

주인 주

주인이라는 뜻입니다.
주라고 읽습니다.

글자가 만들어진 과정

촛대 위 심지에서 불이 타고 있는 모양을 본떠서 만든 글자입니다. 밤에 켜는 등불은 한 집안 가족의 중심이라는 의미에서 '주인'을 뜻하기도 합니다.

순서대로 예쁘게 써 보세요.

、 ᅩ ᅩ 主 主 5획

낱말 主人公(주인공) : 어떤 일의 중심이 되거나 주도적인 역할을 하는 인물

펴다라는 뜻입니다.
신이라고 읽습니다.

글자가 만들어진 과정

공중에서 좍 펼쳐지며 떨어지는 번갯불 모양을 본떠서 만든 글자입니다.

 순서대로 예쁘게 써 보세요.

丨 冂 日 日 申 5획

낱말   申告(신고) : 국민의 법률상 의무로서, 행정 관청에 일정한 사실을 진술, 보고하는 일

民
백성 민

백성이라는 뜻입니다.
민이라고 읽습니다.

글자가 만들어진 과정

눈동자가 눈두덩 밖으로 튀어나온 장님 모양을 본떠서 만든 글자입니다. 옛날에는 주인이 거느리고 있던 노예라는 의미가 지금은 '백성'이라는 뜻이 되었습니다.

순서대로 예쁘게 써 보세요.

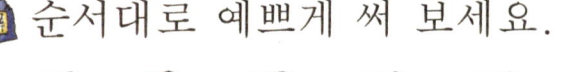 5획

民				
民				

낱말
民族(민족) : 같은 역사, 문화를 가진 인간 집단의 최대 단위
國民(국민) : 국가를 구성하는 자연인을 통틀어 일컫는 말

 익힌 한자를 써 봅시다.

鳥	烏	鹿	乙	飛
새 조	까마귀 오	사슴 록	새 을	날 비

 익힌 한자를 써 봅시다.

齒	果	主	申	民
이 치	열매 과	주인 주	펼 신	백성 민

낯 면

낯(얼굴)이라는
뜻입니다.
면이라고 읽습니다.

글자가 만들어진 과정

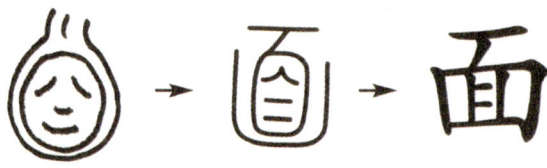

사람의 얼굴과 전체 윤곽을 본떠서 만든 글자입니다.

🐛 순서대로 예쁘게 써 보세요.

一 丆 丆 丙 而 而 而 面 面　9획

낱말　洗面器(세면기) : 얼굴을 씻는 그릇
表面(표면) : 사물의 가장 바깥쪽 혹은 위쪽 부분

眉
눈썹 미

눈썹이라는 뜻입니다.
미라고 읽습니다.

글자가 만들어진 과정

눈썹 모양을 본떠서 만든 글자입니다.

 순서대로 예쁘게 써 보세요.

フ ﾌｧ ｺﾞ ｼﾞ ｼﾞ ｼﾞ ｼﾞ ｼﾞ 眉 9획

眉				
眉				

낱말
眉間(미간) : 눈썹과 눈썹 사이
白眉(백미) : 여럿 가운데 가장 뛰어난 사람이나 작품

낮 오

낮이라는 뜻입니다.
오라고 읽습니다.

글자가 만들어진 과정

막대기를 땅에 꽂고, 그 그림자의 위치에 따라 시간을 알아본 모양을 본뜬 글자입니다.

순서대로 예쁘게 써 보세요.   ノ ㅅ ㅗ 午 4획

낱말
午前(오전) : 자정부터 낮 12시까지
午後(오후) : 정오부터 밤 12시까지

老
늙을 로

늙다라는 뜻입니다.
로라고 읽습니다.

글자가 만들어진 과정

머리카락이 길고 허리가 굽은 늙은이가 지팡이를 짚고 서 있는 모양을 본떠서 만든 글자입니다. '늙다', '어른', '익숙하다' 라는 뜻입니다.

🌱 순서대로 예쁘게 써 보세요.

一 十 土 耂 耂 老   6획

老
老

낱말
男女老少(남녀노소) : 남자와 여자, 늙은이와 젊은이. 누구나
敬老堂(경로당) : 노인들이 모여 놀 수 있게 지은 집

泉
샘   천

샘이라는 뜻입니다.
천이라고 읽습니다.

글자가 만들어진 과정

땅이나 바위 틈에서 물이 솟아 나는 모양을 본떠서 만든 글자입니다. 물이 나오는 근원인 '샘'이라는 뜻입니다.

순서대로 예쁘게 써 보세요.

丿 亻 白 白 白 自 泉 泉 泉 9획

낱말
源泉(원천) : 물이 흘러 나오는 근원. 사물의 근원
溫泉(온천) : 땅 속에서 25°C 이상 데워져 솟는 지하수

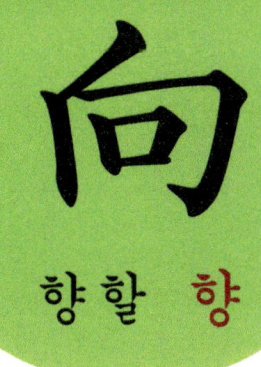

향할 향

향하다라는 뜻입니다.
향이라고 읽습니다.

글자가 만들어진 과정

원래는 북쪽 창을 나타내었는데, 북쪽 창은 남쪽 창과 마주 향하여 있다는 것에서 '향하다'라는 뜻을 나타냅니다. 집의 창문 모양을 본떠서 만든 글자입니다.

순서대로 예쁘게 써 보세요.

ノ 亻 冂 向 向 向   6획

낱말
向方(향방) : 향하는 곳
向日性(향일성) : 식물이 햇볕이 강한 쪽으로 자라는 성질

평평할 평

평평하다라는 뜻입니다.
평이라고 읽습니다.

글자가 만들어진 과정

물 위에 떠 있는 물풀의 모양을 본떠서 만든 글자입니다. 떠 있는 물풀의 수면이 고르고 평평하다는 의미로 '평평하다', '고르다' 라는 뜻을 나타냅니다.

순서대로 예쁘게 써 보세요.

一 ㄅ ㅂ 즈 平 5획

平				
平				

낱말
平野(평야) : 기복이 작고 평평한, 너른 지표면. 너른 들
平均(평균) : 많고 적음이 없이 균일함. 중간치

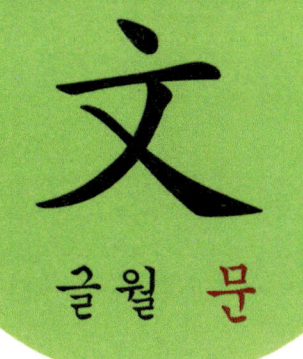

文 글월 문

글월(무늬)이라는 뜻입니다.
문이라고 읽습니다.

글자가 만들어진 과정

사람의 몸에 무늬를 그린 것을 본떠서 만든 글자입니다. '글월', '무늬' 라는 뜻으로 쓰입니다.

 순서대로 예쁘게 써 보세요.　丶 一 ナ 文　4획

낱말　文章(문장) : 한 줄거리의 생각이나 느낌을 글자로 기록해 나타낸 것

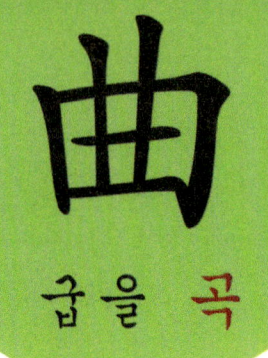

曲
굽을 곡

굽다라는 뜻입니다.
곡이라고 읽습니다.

글자가 만들어진 과정

속이 둥글게 되어 있는 그릇 모양을 본뜬 글자입니다. 물건이 곧지 않고 굽어 있다는 뜻이며, 음의 높고 낮은 '가락'을 뜻하기도 합니다.

순서대로 예쁘게 써 보세요.

丨 冂 冂 曲 曲 曲 6획

낱말
曲線(곡선) : 부드럽게 구부러진 선
曲折(곡절) : 글의 문맥 등이 단조롭지 않고 변화가 많음

求

구할 구

구하다라는 뜻입니다.
구라고 읽습니다.

글자가 만들어진 과정

털가죽으로 만든 옷 모양을 본뜬 글자입니다. 털가죽 옷은 누구나 갖고 싶어서 애써 구한다는 의미입니다.

 순서대로 예쁘게 써 보세요.

一 丁 寸 才 求 求 求 7획

낱말
探求(탐구) : 꼼꼼히 더듬어 구함
求乞(구걸) : 남에게 돈이나 곡식 등을 달라고 함

 익힌 한자를 써 봅시다.

面	眉	午	老	泉
낯 면	눈썹 미	낮 오	늙을 로	샘 천

 익힌 한자를 써 봅시다.

向	平	文	曲	求
향할 향	평평할 평	글월 문	굽을 곡	구할 구

萬 일만 만

만이라는 뜻입니다.
만이라고 읽습니다.

글자가 만들어진 과정

전갈이나 벌 모양을 본떠서 만든 글자입니다. 벌은 무리를 지어 다니므로 그 수가 굉장히 많다는 의미에서 '일만'이란 뜻으로 쓰입니다.

순서대로 예쁘게 써 보세요.

一 十 ヰ 艹 艹 苫 苫 苗 苜 莒 萬 萬 萬 13획

萬				
萬				

낱말
萬人(만인) : 매우 많은 사람
萬愚節(만우절) : 4월 1일. 장난 삼아 거짓말을 하는 날

머리 수

머리라는 뜻입니다.
수라고 읽습니다.

글자가 만들어진 과정

앞쪽에서 본 사람의 머리 모양을 본떠서 만든 글자입니다. 머리는 몸의 맨 위에 있으므로 '우두머리'나 '처음'이라는 뜻으로도 쓰입니다.

순서대로 예쁘게 써 보세요.

丶 丷 业 𠆢 产 䒑 首 首 9획

낱말
首席(수석) : 맨 윗자리. 성적 따위의 1위
首都(수도) : 한 나라의 정치 중심지

革

가죽 혁

가죽이라는 뜻입니다.
혁이라고 읽습니다.

글자가 만들어진 과정

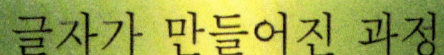

두 손으로 짐승의 털을 뽑는 모양을 본뜬 글자로 털을 뽑으면 가죽이 드러난다는 데서 '가죽'을 뜻하며, 가죽을 두무질하여 변화시키므로 '고치다'라는 뜻으로도 쓰입니다.

순서대로 예쁘게 써 보세요.

一 十 艹 艹 芍 芇 苎 莒 革 9획

革				
革				

낱말
革帶(혁대) : 가죽으로 만든 띠
革新(혁신) : 묵은 조직을 새롭게 바꿈

易

바꿀 역
쉬울 이

바꾸다, 쉽다라는 뜻입니다.
역, 이로 읽습니다.

글자가 만들어진 과정

도마뱀의 모양을 본뜬 글자입니다. 도마뱀은 햇빛을 받으면 몸 색깔을 쉽게 바꾼다는 데서 '바꾸다'의 뜻을 나타내며, '쉽다'라는 의미로 쓰일 때에는 음이 '이'가 됩니다.

순서대로 예쁘게 써 보세요.

丨 冂 日 日 吊 昜 易 易   8획

易
易

낱말 貿易(무역): 나라와 나라 사이에 서로 물건을 팔고 사거나 교환함

巨
클 거

크다라는 뜻입니다.
거라고 읽습니다.

글자가 만들어진 과정

목수들이 일을 할 때에 사용하는, 나무나 쇠로 만든 ㄱ자 모양의 큰 자를 본떠서 만든 글자입니다. '크다' 라는 뜻입니다.

🌱 순서대로 예쁘게 써 보세요.

一 丆 匚 ﬦ 巨 5획

巨				
巨				

낱말
巨富(거부) : 대단히 큰 부자
巨軀(거구) : 큰 몸뚱이

98

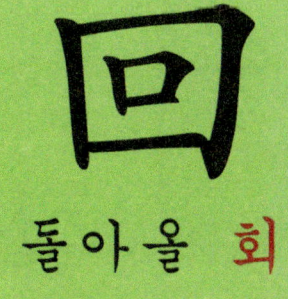

돌아올 회

돌아오다라는
뜻입니다.
회라고 읽습니다.

글자가 만들어진 과정

물이 일정한 곳을 중심으로 빙빙 도는 모양을 본떠서 만든 글자입니다. '돌다', '돌아오다' 라는 뜻입니다.

순서대로 예쁘게 써 보세요.

丨 冂 冂 冋 回 回   6획

낱말
回復(회복) : 이전 상태와 같이 돌이킴
回想(회상) : 지난 일을 돌이켜 생각함

且
또   차

또 라는 뜻입니다.
차 라고 읽습니다.

글자가 만들어진 과정

신에게 바치는 제물을 놓는 받침대 위에 물건을 겹쳐 놓은 모양을 본떠서 만든 글자입니다. 겹쳐 놓는다는 데서 '또'를 의미합니다.

순서대로 예쁘게 써 보세요.

｜ 冂 冃 目 且   5획

且				
且				

낱말
重且大(중차대) : 무겁고도 큼
且千(차천) : 수가 많은 모양

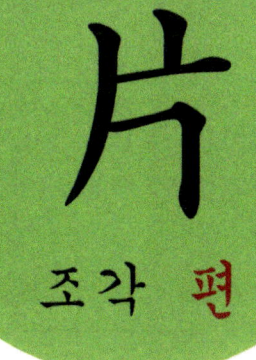

片

조각 편

조각이라는 뜻입니다.
편이라고 읽습니다.

글자가 만들어진 과정

나무를 둘로 쪼갠 것 중 오른쪽 절반의 모양을 본떠서 만든 글자입니다. '조각', '쪼개다'를 뜻합니다.

순서대로 예쁘게 써 보세요. ノ ノ' 丿 片   4획

낱말
破片(파편) : 깨어진 조각
片紙(편지) : 소식을 알리거나 용건을 적어 보내는 글

 익힌 한자를 써 봅시다.

萬	首	革	易	巨
일만 **만**	머리 **수**	가죽 **혁**	바꿀 **역**	클 **거**

 익힌 한자를 써 봅시다.

回	且	片		
돌아올 회	또 차	조각 편		

 익힌 한자의 뜻과 음을 써 봅시다.

1. 角 (　　　)

2. 魚 (　　　)

3. 貝 (　　　)

4. 戶 (　　　)

5. 弓 (　　　)

6. 矢 (　　　)

7. 干 (　　　)

8. 刀 (　　　)

9. 象 (　　　)

10. 虎 (　　　)

11. 鳥 (　　　)

12. 烏 (　　　)

13. 鹿 (　　　)

14. 乙 (　　　)

15. 飛 (　　　)

16. 齒 (　　　)

17. 果 (　　　)

18. 主 (　　　)

19. 申 (　　　)

20. 民 (　　　)

21. 面　（　　　　）

22. 眉　（　　　　）

23. 午　（　　　　）

24. 老　（　　　　）

25. 泉　（　　　　）

26. 向　（　　　　）

27. 平　（　　　　）

28. 文　（　　　　）

29. 曲　（　　　　）

30. 求　（　　　　）

31. 萬　（　　　　）

32. 首　（　　　　）

33. 革　（　　　　）

34. 易　（　　　　）

35. 巨　（　　　　）

36. 回　（　　　　）

37. 且　（　　　　）

38. 片　（　　　　）

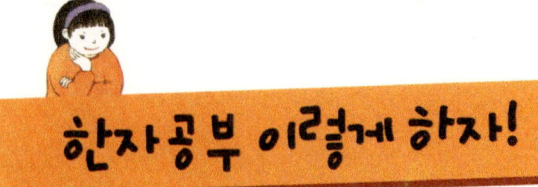

한자공부 이렇게 하자!

📖 한자, 원리를 알면 쉽게 배운다

육서(六書)

사용되고 있는 한자를 각 글자별 사용예(使用例)를 고찰하여 그 정확한 의미를 파악하고, 동시에 그 자형(字形)의 성립과정을 구조적으로 분석해 보면 한자의 조자원리(造字原理)는 6가지로 귀납된다. 이를 육서(六書)라 한다.

육서는 상형(象形)·지사(指事)·회의(會意)·형성(形聲)·전주(轉注)·가차(假借)로 나뉜다. 그중 상형한자와 지사한자는 홀글자인 단체자(單體字)이고, 회의한자와 형성한자는 겹글자인 합성자(合成字)이다. 그리고 전주와 가차는 이미 만들어진 글자들을 다른 뜻으로 전용(轉用)해 쓰는 것을 말한다.

상형(象形)	한자의 가장 기본적인 조자방법(造字方法)으로, 사물의 구체적인 형상을 본따서 만든 글자이다. 어떤 사물의 특징을 그림으로 그려서 만들어 낸 회화문자(繪畵文字)인 것이다. 예) 日, 月, 山, 木, 口, 田, 水, 川, 人, 牛, 門, 目, 手, 耳, 象, 馬, 龜, 雨, 羊
지사(指事)	사물의 모양으로는 본뜰 수 없는 추상적인 개념을, 점이나 선과 같은 부호를 이용하여 상징적으로 나타낸 글자이다. 예) 一, 二, 三, 上, 中, 下, 本, 大, 小, 太, 末, 立, 京, 北, 西, 交, 王, 互, 永, 入
회의(會意)	상형이나 지사에 의해 이미 만들어진 글자를 서로 결합하여 만든 새로운 글자이다. 상형이나 지사 글자들이 갖는 뜻을 모아 새로운 의미를 갖는 글자를 말한다. 예) 林, 炎, 多, 竝, 雙, 明, 昌, 男, 仁, 囚, 坤, 尖, 忘, 忠, 災, 東, 枯, 坐, 晶, 姦, 森
형성(形聲)	모양과 소리를 결합시켜 만든 새로운 글자로, 한쪽은 뜻을 다른 한쪽은 소리를 나타낸다. 예) 姑, 鋼, 房, 仕, 凍, 唱, 城, 指, 洋, 悟, 征, 障, 村, 時, 碑, 被, 程, 紀, 誠, 輪, 飯, 肝, 字

전주(轉注)	한 글자를 여러 의미로 사용하는 것을 말한다.
	예) 惡:악할 악, 미워할 오, 어찌 오 更:고칠 경, 다시 갱생(更生)
	    復:돌아올 복권(復權), 다시 부활(復活) 狀:형상 상태(狀態), 졸업 문서 장(卒業狀)
	    易:바꿀 역, 쉬울 이 行:다닐 행, 항 항렬 렬(行列)
	    樂:즐거울 락, 풍유 악, 좋아할 요 降:하 내릴 강(下降), 항복할 항복(降服)
	    說:말씀 설, 기쁠 열, 유 달랠 세(遊說) 切:끊을 절단(切斷), 일 온통 체(一切)
	    沈:잠길 침묵(沈默), 성(姓) 심 直:곧을 직, 값 치
	    見:볼 견, 나타날 현 北:북녘 북, 패 달아날 배(敗北)

가차(假借)	어떤 글자가 가지고 있는 의미와 상관없이 그 글자가 가지고 있는 음(音)만 빌어서 다른 사물을 나타내는 것을 말한다.
	예) Asia:亞細亞(아세아) India:印度(인도)
	    Austria:奧地利(오지리) Canada:加拿大(가나대)
	    New York:紐約(뉴욕) Roma:羅馬(라마)
	    Buddha:佛陀(불타) Cocacola:可口可樂(가구가락)
	    Colombia:哥倫比亞(가륜비아) Washington:華盛頓(화성돈)
	    Panama:巴拿馬(파나마)

이 책의 그림을 그려주신 홍태희 선생님은,
세종대학교와 PARIS8 대학에서 서양화를 공부하셨습니다.
외국어 학원, 미술학원, 유치원에서 학생 지도를 하시면서
어린이에게 꼭 필요한 책을 기획하고 계십니다.

감수를 맡아주신 안문길 선생님은,
고려대학교 국문학과를 졸업하셨으며,
충암고등학교에서 국어교사로 재직하셨고,
현재는 소설가로 활동하고 계십니다.

한자, 원리를 알면 쉽게 배운다 ①
그림으로 익히는 상형한자

초판 1쇄 인쇄	2015년 11월 1일
초판 1쇄 발행	2015년 11월 16일

기획 · 편집	어린이 선비교실
그　　림	홍태희
감　　수	안문길
펴　낸　이	김종윤
펴　낸　곳	자유지성사
출 판 등 록	제 2-1173호

전화　02) 333-9535
팩스　02) 6280-9535
E-mail: fibook@naver.com

ISBN 978-89-7997-315-0 (73720)

*잘못된 책은 구입하신 서점에서 교환해 드립니다.
*엮은이와 협의에 의해 인지는 생략합니다.